Der Modus – gestern und heute

Wer sind die Guten? Wer ist der Böse?

1. Auflage Mai 2022

Max-Braun-Str. 2, 97828 Marktheidenfeld
Tel. 0049 (0)9391/504135, Fax 504133
www.gabriele-verlag.com

Druck: KlarDruck GmbH, Marktheidenfeld

ISBN 978-3-96446-285-5

Der Modus – gestern und heute

Wer sind die Guten? Wer ist der Böse?

Manuskript einer TV-Sendung von Urchristen

Gabriele-Verlag
Das Wort

Der Modus – gestern und heute

Wer sind die Guten?
Wer ist der Böse?

Liebe Leserin, lieber Leser, zunächst eine Vorbemerkung: Wir sind Urchristen und gegen jede Anwendung von Waffengewalt. Wir treten für Frieden und Gewaltlosigkeit ein, denn dies lehrte Jesus von Nazareth, und das ist unser Credo. Wir scheuen uns nicht, diese Haltung ungeschminkt öffentlich zu vertreten, und dies schon seit Jahrzehnten, auch wenn diese Haltung uns viel Unschönes bereitet hat – etwa übelste Verleumdungen durch Kirchenbeauftragte und die ihnen zudienernden Medien – und uns das Leben oftmals sehr, sehr schwer gemacht hat und macht.

Deshalb schweigen wir auch jetzt nicht, auch wenn vielfach der Anschein erweckt wird, dass die Fakten der Weltpolitik eindeutig seien: Einer sei böse und die anderen seien gut.

Wir möchten vorab noch einmal betonen: Wir stehen zu Jesus von Nazareth, und wir sind für den Frieden. Jedes Leid, das durch Waffengewalt hervorgerufen wird, ist schrecklich und gegen den Friedefürsten Jesus von Nazareth. Kein Leid, das durch Waffen verursacht wurde, kann aber mit Waffengewalt auf irgendeine Weise geheilt werden. Das ist unmöglich.

Wenn jetzt die Waffenschreier in Ost und West und Süd und Nord wieder eindeutig zu wissen vorgeben, wo gut, und wo schlecht ist, dann wird es gefährlich, sehr gefährlich.
Deshalb beleuchten wir vor diesem Hintergrund einmal die aktuelle schreckliche Weltsituation, und wir zeigen anhand einiger Aspekte auf, dass nichts von Nichts kommt – oder mit anderen Worten gesprochen, den warnenden Worten des Jesus von Nazareth: ***„Wer zum Schwert greift, wird durch das Schwert umkommen.“***

Worum es heute geht, das ist ja nichts Neues. Als der US-amerikanische Präsident George W. Bush im Jahr 2001 nach dem Terroranschlag auf das World Trade Center in New York einen *„Kreuzzug“* gegen den Terrorismus ankündigte, da gab es zahlreiche empörte Stimmen aus der islamischen Welt. Denn gerade die Zeit der Kreuzzüge hat man dort in schrecklicher Erinnerung. Als Präsident Bush von dieser Empörung erfuhr, soll er gesagt haben, er verstehe das nicht, denn: *„Wir sind doch die Guten!"* Wenig später sprach derselbe Präsident auch noch von der *„Achse des Bösen"*. Und er meinte damit Staaten, die er beschuldigte, Terroristen zu unterstützen und nach Massenvernichtungswaffen zu streben.

„Wir sind doch die Guten" – das werden wohl seinerzeit auch die Kreuzfahrer gedacht haben, die von Papst Urban II. persönlich im Namen seines Gottes in einen angeblich *„Heiligen Krieg"* geschickt worden waren. Die Muslime, die sich ihnen in den Weg stellten, das waren dann logischerweise *„die Bösen"*. Und auch fast tausend Jahre später scheint den Mächtigen der westlichen Welt noch immer nicht klar geworden zu sein, dass jegliche Gewalt und jegliche Kriegführung niemals etwas Gutes sein können, sondern ausnahmslos gegen die Lehre des gewaltlosen Friedefürsten Jesus von Nazareth verstoßen, der sagte: ***„Wer zum Schwert greift, wird durch das Schwert umkommen."***

Es ist schon auffällig, dass ausgerechnet in den Ländern, die sich selbst als *„christlich"* bezeichnen, also in den Ländern der sogenannten *„westlichen*

Hemisphäre", noch immer das Gefühl weit verbreitet zu sein scheint, zu den *„Guten"* zu gehören und auf die *„Bösen"* herabblicken zu können. Zahlreiche Politiker dieser Länder sprechen immer wieder von *„christlichen Werten"*, beteiligen sich aber an Kriegen und setzen sich für Waffenexporte ein.
Der SPD-Entspannungspolitiker Egon Bahr brachte es vor einigen Jahren auf den Punkt: ***„Wenn ein Politiker anfängt, über ‚Werte' zu schwadronieren, anstatt seine Interessen zu benennen, wird es höchste Zeit, den Raum zu verlassen."*** *(NachDenkSeiten = NDS, 28.3.2022)*

Und der Politikwissenschaftler Rainer Werning, der viele Jahre in Ostasien verbrachte und von daher gelernt hat, über den Tellerrand der eigenen Kultur hinauszublicken, schrieb im März 2022 auf einem Internetblog, er wundere sich, dass vor allem hochrangige Politiker und Militärs des Westens besonders häufig zu kriegerischen Tönen neigten, zu Tönen, ***„die offen zu Vernichtung und Zerstörung aufrufen, wo doch angeblich ‚der Westen' als Gralshüter solch hehrer Ideale wie Aufklärung, Vernunft, Rationalität, Liberalismus und Demokratie gelten soll".*** *(Allmachtwahn und Vernichtungsphantasien II, NDS, 20.3.2022)*

Kritisch äußerte sich zu diesem Thema auch der bereits erwähnte Egon Bahr. Vor Schülern in einer Gedenkstätte sagte er im Jahr 2013: ***„In der Internationalen Politik geht es nie um Demokratie oder Menschenrechte. Es geht um die Interessen von Staaten. Merken Sie sich das, egal, was man Ihnen im Geschichtsunterricht erzählt.“*** *(Rhein-Neckar-Zeitung, 4.12.2013)*
Wer jedoch die Interessen des eigenen Lagers verleugnet, weil er sie vor lauter angeblichen Idealen auch gar nicht sehen will, der neigt dazu, diese Interessen auch im anderen, im gegnerischen Lager nicht wahrzunehmen – und unterstellt dem Gegenüber dann einfach, „böse“ zu sein.

Wohin das dann führt, das kann man sehr gut an einer Fernsehsendung beobachten, die am 22. März 2022 im Zweiten Deutschen Fernsehen ausgestrahlt wurde und die den Titel trägt: *„Putins Wahrheit.“* Schon der Titel ist irreführend, denn es geht in dieser Sendung ausschließlich um die angebliche „Wahrheit“, wie sie derzeit in der westlichen Welt über diesen Politiker verbreitet wird.
Der Hauptstrang der Erzählung lässt sich dabei in etwa so zusammenfassen: Der Westen habe sich in Putin getäuscht. Man habe ihn lange Zeit für einen

vernünftigen und netten Kerl gehalten. Doch nun habe man endlich erfasst, was für einen schlechten Charakter er in Wirklichkeit habe. Einer sei über alle Maßen böse, nämlich Putin, während alle seine Feinde die Guten seien.
Doch kann das stimmen? Und wie kann man die Wahrheit herausfinden?
Es ist ja nicht so, dass in diesen 45 Minuten nicht auch manches über den russischen Präsidenten geäußert wurde, das der Wahrheit entspricht. Denn man muss ganz klar feststellen: Wladimir Putin ist in diesem Fall ein Aggressor, der einen völkerrechtswidrigen Krieg führt, und der versucht, mit Waffengewalt politische Ziele zu erzwingen, die er auf anderen Wegen nicht zu erreichen vermochte. Doch das kann und wird auf Dauer nicht gelingen. Denn das ist gegen die Lehre des Jesus von Nazareth. Und das unendliche Leid, das dadurch verursacht wird, den Schmerz, die Verzweiflung und die Hoffnungslosigkeit, das sehen wir täglich in den Medien.

Für alles, was Menschen verursachen, gilt ganz allgemein, was auch in den Bibeln der Kirchen nachzulesen ist: ***„Täuscht euch nicht: Gott lässt Seiner nicht spotten. Denn was der Mensch sät, das wird er ernten.“*** Was wir Menschen aussäen, wird also früher oder später wieder auf unsere Seele zukommen, sei es in diesem Leben, sei es in den jenseitigen Welten oder in einer späteren Einverleibung. Dieses Gesetz von Saat und Ernte, von Ursache und Wirkung, das der Mensch durch Seine Abkehr von Gott, dem Ewigen, vor Urzeiten letztlich selber geschaffen hat, dieses Gesetz ist gerecht und unbestechlich. Es gilt für alle Menschen ohne Ausnahme, und somit auch für diejenigen, die Gewalt mit Gegengewalt beantworten. Dieses Gesetz misst und wägt und registriert alles und rechnet jedem seinen Anteil zu, im Guten wie auch im Bösen.

Wer sind wir Menschen, dass wir glauben, die Umsetzung dieser uralten Gesetzmäßigkeit – *„Was der Mensch sät, das wird er ernten"* – selber in die Hand nehmen zu dürfen oder gar zu sollen? Ist dies nicht wiederum ein Beispiel für die Hybris, für die Überheblichkeit des Menschen, der alles besser zu wissen glaubt und sich für die *„Krone der Schöpfung"* hält und alles, was nicht seiner Meinung entspricht, geringschätzt oder gar verachtet?

„Wer zum Schwert greift, wird durch das Schwert umkommen." Diese Worte des Jesus von Nazareth, des Friedefürsten, sind klar und eindeutig. Von Ausnahmeregelungen oder irgendwelchen Sonderklauseln sagte Er nichts.

Das Gesetz von Saat und Ernte heißt aber auch für jeden von uns, dass wir uns darin üben sollen, unsere eigenen Gefühle, Gedanken, Worte und Taten in rechter Weise zu wägen und zu messen, inwieweit sie den Zehn Geboten Gottes durch Mose und der Bergpredigt des Jesus von Nazareth entsprechen.
Und es heißt auch, dass wir das Geschehen um uns herum und in der Welt in gerechter Weise zu wägen und zu messen lernen sollten, inwieweit dieses Geschehen noch der Wahrheit und Gerechtigkeit entspricht. Und genau das wollen wir heute tun – gerade weil die Lage in der Welt so ernst ist.

Das ZDF brachte am 22. März 2022 also die erwähnte Reportage mit dem Titel *„Putins Wahrheit.“* Doch wieviel Wahrheit ist darin enthalten? Das ist in einem Satz schwer zu sagen, denn es würde viele Stunden dauern, jede einzelne Passage einer solchen Reportage durchzugehen mit der Frage: Was ist richtig? Was ist teilweise richtig? Was sind unbewiesene Behauptungen? Und was ist nachweisbar falsch?
Und vor allem wäre die Frage: Was wurde weggelassen? Denn gerade durch geschicktes Weglassen wichtiger Informationen kann ein gänzlich einseitiges Bild entstehen. Man könnte das, was dann an

Informationen noch übrigbleibt, auch als gezielte Halbwahrheiten bezeichnen. Und was dabei unter den Tisch fällt, ist oft nicht nur eine Lücke, sondern manipuliert nicht selten den ganzen Sachverhalt.

Einige Beispiele dazu:
In der ZDF-Reportage wird Putin zunächst dafür gelobt, dass er nach dem Zusammenbruch des Ostblocks Sympathien für Reformen in Richtung einer westlich orientierten Wirtschaft gehabt habe. Doch nachdem er Staatspräsident wurde, habe er sich von diesem Reformkurs wieder abgewendet und versucht, den Handel mit dem Westen dazu zu missbrauchen, sich ***„politischen Einfluss und Erpressungspotential“*** zu verschaffen, wie das ZDF in einer Zusammenfassung der Sendung schreibt. *(zdf.de/dokumentation, 23.3.2022)*
Was hier weggelassen wurde, analysierte der Blogger Boris Reitschuster Ende März 2022. Reitschuster arbeitete jahrelang in Moskau als Korrespondent für deutsche Zeitungen und ist ein erklärter Putin-Gegner. Doch nun schrieb er unter der Überschrift: ***„Die Fehler des Westens im Umgang mit Russland ..., die Ihnen die großen Medien verschweigen“*** unter anderem Folgendes: ***„Die Menschen ... wollten nach dem Scheitern des Sozialismus ein System***

***mit Demokratie und Marktwirtschaft. Und was haben sie bekommen? Einen Raubtierkapitalismus mit Faustrecht, bei dem die große Masse völlig verarmte und einige wenige zu unermesslichem Reichtum kamen.*"** *(reitschuster.de, 25.3.2022)*
Die Mehrheit der Russen war damals also froh, dass die sogenannten „Reformen" in Richtung Westen nicht in dieser Weise fortgesetzt wurden.

Ein weiteres Beispiel für den merkwürdigen Umgang der ZDF-Journalisten mit der Wahrheit ist die Darstellung der beiden Reden, die Putin vor Jahren in Deutschland gehalten hat. Die Journalisten stellen es so dar, dass der russische Präsident bei seiner Rede im Deutschen Bundestag in Berlin im Jahr 2001 zwar noch große Begeisterung ausgelöst habe, weil er den Eindruck erweckt habe, eine Demokratie wie im Westen aufbauen zu wollen. Dass man aber nach seiner Rede vor der Münchner Sicherheitskonferenz im Jahr 2007 sehr enttäuscht gewesen sei, weil dort davon keine Rede mehr gewesen sei.
Dabei wird jedoch der wesentliche Inhalt der beiden Reden fast völlig ausgeblendet. Putin schlug in Berlin eine ***„echte Partnerschaft"*** vor, ein ***„gemeinsames Haus Europa"***, gerade was die Sicherheits-

politik angeht. Die Länder der Europäischen Union sollten diesbezüglich mit Russland enger zusammenarbeiten und es in wichtige Entscheidungen miteinbeziehen, damit ein gemeinsames europäisches Sicherheits-System entstehen könne. Darauf war jedoch kaum jemand eingegangen. Und gerade deshalb warnte Wladimir Putin dann auf der Sicherheitskonferenz 2007 vor einem neuen Kalten Krieg, wenn der Westen weiter nach Hegemonie, also nach der Vorherrschaft, strebe und die NATO immer weiter an die Grenzen Russlands heranrücke. Und er erinnerte auch bereits 2007 daran, dass seinem Land im Jahr 1990 versprochen worden war, dass genau dies nicht geschehen würde.
Auch dies gehört zu den vielen „Wahrheiten", die der Betrachter erst dann, wenn sie nicht weggelassen wurden, zu einem Gesamtbild zusammenfügen kann.
Und noch ein weiteres Beispiel sei hier angeführt, und das führt uns wieder direkt in die Gegenwart. In der ZDF-Reportage wird es so dargestellt, als ob der russische Präsident völlig unvermittelt, einfach so, in das Nachbarland Ukraine eingefallen sei, nur rein aus Eroberungslust und Größenwahn. Doch auch hier wird dem Zuschauer wieder Wesentliches verschwiegen.

Der eingangs erwähnte Historiker Rainer Werning verweist in diesem Zusammenhang auf Aussagen von David Stockman, ein ehemaliger US-Kongress-abgeordneter und hochrangiger Regierungsbeamter unter Präsident Ronald Reagan, und somit eine Art Kronzeuge.

Stockman schreibt: ***„Der heutige Ausbruch eines heißen Krieges in der Ukraine würde absolut nicht stattfinden, wenn es nicht im Februar 2014 zu einem gewaltsamen Staatsstreich gekommen wäre, durch den der demokratisch gewählte pro-russische Präsident der Ukraine gestürzt wurde; und dieser Staatsstreich wurde von in Washington ansässigen neokonservativen Wichtigtuern und Waffenhändlern finanziert, organisiert und choreografiert.“*** *(Amnesie-Taumel einer Zeitenwende, NDS, 2.3.2022)*

Kurz zuvor, im Dezember 2013, hatte Victoria Nuland vom US-Außenministerium öffentlich verlautbart, dass ihre Regierung bereits 5 Milliarden US-Dollar ***„in die Entwicklung demokratischer Institutionen“*** in der Ukraine ***„investiert“*** habe, wie sie sich ausdrückte. *(heise.de, 8.1016)*

Und wenn heute zu Recht darauf hingewiesen wird, dass der Angriff Russlands auf die Ukraine 2022 völkerrechtswidrig erfolgt ist, so gilt das auch für das massive Eingreifen eines Staates in die inneren Angelegenheiten eines anderen Staates, zum Beispiel mit einem Putsch wie in der Ukraine im Jahr 2014. Auch das widerspricht dem Völkerrecht – zumal auch bei diesem Umsturz Gewalt angewendet wurde: zum Beispiel durch Scharfschützen, die plötzlich in eine Menschenmenge feuerten, wofür dann der damals noch amtierende Präsident verantwortlich gemacht wurde.

Wir sehen also: Da wurde so manches weggelassen. Und diese Reportage im ZDF ist ja nur ein Beispiel von vielen dafür, wie heute in Nachrichtensendungen häufig nicht sachlich und nüchtern, sondern emotional und pseudomoralisch argumentiert wird. Und dann ist immer Vorsicht geboten. Denn ein Bericht, der nur Teilwahrheiten bringt und vieles auslässt – was ist der letztlich anderes als Propaganda und Desinformation? Und kann dann aus den vielen – sicher meist gut gemeinten – Recherchen, wenn sie alle gleich klingen und mehr oder weniger dieselbe Botschaft verkünden, kann aus diesen Recherchen dann nicht am Ende noch weniger herauskommen als die halbe Wahrheit? Statt halber Wahrheit am Ende ganze Lüge?

Die australische Journalistin Caitlin Johnstone brachte es so auf den Punkt: ***„Es ist nicht in Ordnung, im Jahr 2022 ein Erwachsener zu sein und zu glauben, schwerwiegende militärische Konflikte bestünden aus den Guten, die die Bösen bekämpfen wie in einem Zeichentrickfilm für Kinder.“*** *(rubikon, 23.3.2022)*

Und welche Interessen stehen dahinter, wenn die gesamte Weltpolitik nur noch in Gut und Böse, in Schwarz und Weiß eingeteilt wird, wenn alle Farbtöne und Grautöne aus dem Bild verschwunden sind? Auf was soll das Fernseh-Publikum dann eingestimmt werden? Welche Emotionen sollen erzeugt werden und für was?

Der Sozialpsychologe Harald Welzer war im März 2022 einer der wenigen bekannten deutschen Analytiker, die offen ihr Unbehagen zum Ausdruck brachten. Im „Stern“ schrieb er von ***„sprachkampfbereiten Einsatzgruppen“***, die bis dahin allerdings noch in ganz anderer Richtung tätig gewesen seien.
Und er charakterisierte sie unter anderem mit den Worten: ***„Sie schleiften Heldendenkmäler und attackierten toxische Männlichkeit – und nun, von***

einem Tag auf den anderen, gibt es plötzlich männliche Kriegshelden, die martialisch agitieren und dafür Titel wie ‚Widerstandsikone' oder ‚Freiheitsheld' verliehen bekommen."
Und weiter: ***„Mich erschreckt es, wie rasend schnell ein Narrativ aktivierbar ist, das der Zeit vor dem Ersten Weltkrieg entstammt ... und frisch aufgerufen werden kann. ... Warum geht so etwas? ... Weil die Story so gut ist. ... <u>Hier ist ein Krieg ... glasklar aufgeteilt in unendlich viele Gute und den einen Bösen."</u>*** *(16.3.2022)*

Wobei wir noch einmal ganz deutlich sagen möchten: Aus unserer Sicht, aus der Sicht der Friedenslehre des Jesus von Nazareth, ist jeder Krieg ein Verbrechen, ein brutaler Verstoß gegen die Bergpredigt, in der es sinngemäß heißt: *Was du nicht willst, dass man dir tu', das füg' auch keinem anderen zu!* Jeder Krieg bringt unendliches Leid, bringt Verletzung und elendes Sterben, bringt Angst und Verzweiflung, Zerstörung, Flucht und Hoffnungslosigkeit – gleich, von welcher Seite jeweils die Schüsse fallen. Und gerade deshalb geht es hier um eine faire und gerechte Darstellung der Interessenkonflikte, damit sich jeder selbst ein Bild machen kann.

Harald Welzer hat einen wesentlichen Punkt angesprochen, wenn er sagt, es werde uns weisgemacht, es gäbe hier „***einen Krieg … glasklar aufgeteilt in unendlich viele Gute und den einen Bösen.***"

Alle sind so gut, nur einer ist so schlecht – fragen wir uns einmal: Kann das wirklich sein? Wenn das wirklich so klar ist: Woher kommt denn dann all das Leid auf der Welt? Woher kommen die vielen Kriege? Woher kommen die vielen Flüchtlinge seit Jahrzehnten, die hungernden Kinder?

Wenn wirklich alle weitgehend gut wären und nur einer böse – wie sähe die Welt dann aus? Gäbe es dann den Klimawandel? Gäbe es die Zerstörung und Vergiftung der Böden in der industriellen Landwirtschaft, die Massentierhaltung, die Abholzung von Regenwäldern, die leergefischten Meere? Gäbe es den weiter anwachsenden Hunger in der Welt, die elende Armut der vielen und den unermesslichen Reichtum ganz weniger? Ja, und wenn wirklich heute alle im Großen und Ganzen gut sind und nur einer mitsamt seinem Gefolge böse – wie war es dann früher? Woher kam denn das Böse vor Jahren, vor Jahrzehnten, in all den Jahrhunderten? Soweit die Menschheit sich erinnern kann: Immer nur Krieg, Zerstörung, Machtkämpfe, Elend und Verzweiflung, Ungerechtigkeit und Zwietracht.

Woher kommt das Böse, das Leid in der Welt? Wirklich nur von einem?

Sicher nicht. Und hier hilft es auch einmal weiter, Zeiten von Zeiten zurückzublicken, wie das Unheil einst seinen Anfang nahm: Das Böse in der Welt entstand bereits vor Urzeiten, als sich einige ehemals reine Geistwesen von Gott, dem Ewigen, abwendeten, weil sie glaubten, die Schöpfung Gottes besser als Er weiterführen zu können. Doch sie verstrickten sich immer mehr in ihre eigenen Widersprüche und Unzulänglichkeiten, zerstritten sich immer mehr, und im Verlauf unendlich langer Zeiträume entstanden die verdichtete Materie und mit ihr auch die menschlichen Körper, in denen Seelen, also mehr oder weniger belastete ehemalige Geistwesen, für jeweils einige Jahrzehnte zu Hause sind.

Und die Widersacher Gottes sind noch immer aktiv. Sie sammeln sich besonders in Priesterkulten nach dem Vorbild antiker Baalskulte, deren Priestermänner in wechselnden Gewändern immer wieder Kriege und Gewalt rechtfertigen und die jeweiligen Staatsbevollmächtigten dazu anstacheln. Dazu gehören auch jene Priestermänner, die die ursprüngliche Lehre des Christus Gottes verfälschen, die sich

also fälschlicherweise auf Seinen Namen berufen, aber meist das Gegenteil dessen lehren und tun, was Er, der Friedefürst, lehrte und tat.
Die Widersacher Gottes beziehen ihre Energie hauptsächlich aus dem Streit und der Uneinigkeit, die sie unter den Menschen beständig schüren – also letztlich durch den Krieg in seinen unterschiedlichen Spielarten, beginnend mit negativen Gefühlen und Gedanken des Einzelnen gegen seinen Nächsten und sich steigernd bis hin zum bewaffneten Konflikt oder gar zu einem drohenden atomaren Vernichtungsschlag.
In dieser sich in unserer Zeit bedrohlich zuspitzenden Situation ist jeder Einzelne gefragt: Beteilige ich mich an der kriegerischen Stimmungsmache, die immer wieder neu aufflammt, angefacht von Kriegstreibern in Staat und Religion – und stärke damit letztlich die Widersacher Gottes? Denn jeder Gedanke drängt zur Tat. Und alles, was wir aussenden, auch in Gedanken und Worten, wird früher oder später wieder auf uns zurückkommen – so, wie es, wie gesagt, nachzulesen ist: ***„Täuscht euch nicht: Gott lässt Seiner nicht spotten. Denn was der Mensch sät, das wird er ernten.“***
Oder halten wir uns an die Lehre des Jesus von Nazareth und aller Gottespropheten und Gottes-

prophetinnen, die immer wieder bis heute die Zehn Gebote Gottes und die Inhalte der Bergpredigt des Jesus von Nazareth lehrten und lehren, und somit die Gottes- und Nächstenliebe? Denn nur auf diese Weise, so die Botschaft aus dem Reich Gottes, finden wir den Weg heraus, heraus aus der Verstrickung in die Materie und aus der kriegerischen Gesinnung, die immer wieder neu zu Krieg, Leid und Zerstörung führt.

Die Lösung kommt also nicht durch immer mehr Waffen und immer mehr militärische Aufrüstung, auch wenn uns das noch so oft durch Politiker, Kirchenobere und Medienvertreter vorgegaukelt wird. Die Lösung kommt von innen, wo Gott, der Ewige, und Sein Sohn Christus mit ihrer Kraft in jeder Seele und auch in jedem beseelten Menschen wohnen. *„Gott in uns und wir in Gott"* – das war und ist bis heute die Botschaft aller wahren Gottespropheten und Gottesprophetinnen.

Einer der wenigen deutschen Publizisten, die die heute vorherrschende Schwarz-Weiß-Malerei nicht mitmachen, ist der ehemalige Bundestagsabgeordnete und erfahrene Außenpolitiker Jürgen Todenhöfer. Ende März 2022 schrieb er nach einem Besuch in der Ukraine:

„In der Ukraine ist meine Ablehnung von Kriegen weiter gestiegen. Krieg ist und bleibt ekelhaft. Ekelhaft ist allerdings auch, dass sich einige Länder zum obersten Richter über Russlands völkerrechtswidrigen Angriffskrieg aufgeschwungen haben, die in den letzten Jahrzehnten einen widerlichen Angriffskrieg nach dem anderen geführt haben. Die USA zum Beispiel und auch Deutschland, das meist mitgemacht hat. ...

Was für eine Doppelmoral! Russland ist zurzeit in der Tat eine Gefahr für Osteuropas Staaten. Die USA aber sind eine Gefahr für den Frieden der gesamten Welt. *" (facebook, 27.3.2022)*

Und an anderer Stelle schrieb er: ***„Ohne Russland wird es nie dauerhaften Frieden in Europa geben.*** *" (Dieser Krieg läuft anders als erwartet, NDS, 24.3.2022)*

Wie gesagt: Aus der Sicht der Lehre des Jesus von Nazareth ist jeder Krieg ein Verbrechen. Und der russische Angriff auf die Ukraine ist zudem eine völkerrechtswidrige Gewaltaktion. Doch leider war das auch bei den Kriegen in den zurückliegenden Jahrzehnten kein Einzelfall. Und Jürgen Todenhöfer sprach es an: Ausgerechnet diejenigen, die besonders viele solcher Kriege geführt haben, werfen sich

heute zu moralischen Richtern über andere auf und gießen Öl ins Feuer. Ist das nicht Heuchelei?
Wenn diese Politiker sich Christen nennen, dann müssten sie doch stattdessen zunächst das eigene Fehlverhalten erkennen und eingestehen und es ändern – und dann das Fehlverhalten des Nächsten ansprechen und ihm Vorbild sein, wie es zu ändern ist. Das wäre Bergpredigt!

Zumindest aber wäre vonseiten der Westmächte mehr Demut und Nüchternheit und innere Wachsamkeit angebracht, denn schließlich geht es hier um eine Bedrohung des gesamten Weltfriedens. Von solchen Einsichten kann aber bei den westlichen Entscheidungsträgern bisher noch keine Rede sein. Daher sollte man ihrer Erinnerung einmal etwas nachhelfen, was die jüngere Vergangenheit betrifft.

• Gehen wir einmal fast 80 Jahre zurück. Im August 1945 lässt US-Präsident **Harry S. Truman** zwei Atombomben auf die japanischen Städte Hiroshima und Nagasaki abwerfen, obwohl Japan de facto längst besiegt ist. Dabei sterben rund 300.000 Menschen an den unmittelbaren Folgen und noch einmal 200.000 später an den atomaren Langzeitwirkungen. Stellen wir uns das vor: Hunderttausende von Menschen, die entweder direkt zu Asche verbrannt sind oder die kurz danach an den grauenhaften atomaren Verletzungen sterben. Und stellen wir uns weitere Hunderttausende vor, die noch Jahrzehnte unter den entsetzlichen Folgen zu leiden haben.

• Im Jahr 1964 beginnt dann US-Präsident **Lyndon B. Johnson** einen illegalen, also völkerrechtswidrigen Angriffskrieg gegen Nordvietnam und begründet dies mit der Lüge, Nordvietnam habe im Golf von Tonkin US-Schiffe angegriffen.
Im Vietnam-Krieg, der später von Präsident **Richard Nixon** bis zur Kapitulation 1974 fortgesetzt wird, sterben durch Flächenbombardements durch Napalm und Chemiewaffen drei Millionen Menschen, eine halbe Million Menschen wird verkrüppelt. 900.000 Kinder bleiben als Waisen zurück. 100.000 Kinder werden behindert und missgebildet geboren, weil die amerikanischen Truppen mit Giftgas ganze Regenwälder „entlaubt" haben, wie es beschönigend hieß.
Denken wir an die Familien, die selbst arm sind, und die diese Kinder ein Leben lang aufopferungsvoll betreuen müssen.

• Im Jahr 1991 greift Präsident **George Bush senior** den Irak an, um Iraks Staatschef Saddam Hussein aus Kuwait zu vertreiben. Aufgrund der strikten Sanktionen gegen das Land starben in den Jahren danach circa 500.000 irakische Kinder – mehr Kinder, als zuvor in Hiroshima nach dem Atombombenabwurf starben. Als man 1996 **Madeleine Albright,** damals US-Botschafterin bei den Vereinten Nationen, fragte, ob das den Preis wert gewesen sei, antwortete sie: ***„Wir denken, der Preis ist es wert."*** *(Allmachtwahn & Vernichtungsphantasien I, NDS 19.3.2022)*
Wie kalt und umbarmherzig muss man sein, um das Leben von 500.000 Kindern für machtpolitische Ziele zu opfern? Albright war später auch eine von denjenigen, die auf eine Osterweitung der NATO drängten.

• Und, wiederum angefeuert von Madeleine Albright, begann Präsident **Bill Clinton** dann im Frühjahr 1999 einen völkerrechtswidrigen Krieg gegen Serbien, um die Provinz Kosovo unabhängig zu machen. Und kurz nach dieser Unabhängigkeit errichtete die US-Armee genau dort ihre größte Militärbasis außerhalb der USA: Bondsteel genannt, sozusagen als militärisches Scharnier für den Balkan, von wo aus man Russland im Blick hat. Welches Ziel hatte dann der Krieg um den Kosovo? War dieser nur das Schlachtfeld, um einem weiteren Ziel militärisch näherzukommen?

Bei diesem Krieg gegen Serbien tat sich zum ersten Mal auch ein erkennbar wenig mit Skrupeln behafteter US-Senator im Ausschuss für Außenpolitik als entschiedener Befürworter dieses illegalen Angriffskriegs hervor, ein gewisser Joe Biden. Den Serben wurde als Begründung für den Krieg „Kriegsverbrechen" vorgeworfen, was aber später höchstens teilweise bestätigt werden konnte.
Auch Deutschland war an dem Angriffskrieg beteiligt, den die NATO heuchlerisch als „humanitäre Aktion" bezeichnete. Durch Splitterbomben und Uranmunition wurden nicht nur Tausende von Menschen getötet, sondern auch Infrastruktur-Einrichtungen zerstört und weite Gebiete des Landes verseucht. Welches unermessliche Leid bedeutet dies nicht nur für die Menschen, sondern auch für die Natur und die Tiere? Und dies alles wurde verursacht von Menschen aus Ländern, deren Politiker heute Politiker anderer Länder für solche Taten als „Kriegsverbrecher" bezeichnen – und sich auch noch scheinheilig „christlich" nennen.

• Schon zwei Jahre später, im Jahr 2001, begann dann der US-Präsident **George W. Bush** einen illegalen Angriffskrieg gegen Afghanistan – angeblich, um die Urheber des Terroranschlags auf das World Trade Center in New York am 11. September desselben Jahres zu töten – die aber gar nicht aus Afghanistan stammten. Der Krieg in Afghanistan forderte über 200.000 Menschenleben, darunter Zigtausende von unbeteiligten afghanischen Zivilisten, dazu unzählige Verwundete und Verletzte.
20 Jahre lang beteiligte sich auch die deutsche Bundeswehr an diesem „Auslandseinsatz", wie man es nannte, angeblich um die Freiheit der Deutschen am Hindukusch zu verteidigen, so die scheinheilige Sprachregelung der deutschen Politik. Als der damalige Bundespräsident Köhler auf seinem Rückflug von Afghanistan zugab, dass es dort ***„natürlich auch um wirtschaftliche Interessen"*** gehe, verlor er wenig später sein Amt.

• Im Jahr 2003 forderte dann die damalige Oppositionsführerin im Deutschen Bundestag, **Angela Merkel,** beheimatet in der Partei mit dem „C" für angeblich „christlich" im Namen, einen weiteren Einsatz der deutschen Streitkräfte, nämlich im Irak. Der Deutsche Bundestag unter Führung von Kanzler Gerhard Schröder lehnte ab – doch wenig später musste Schröder das Feld für Angela Merkel räumen.

Bei diesem völkerrechtswidrigen Irak-Krieg, dem Krieg der sogenannten „Willigen", war wiederum auch Joe Biden einer der Akteure. Das berichtete das ARD-Magazin Monitor am 12.11.2020. Wörtlich: ***„Bei der Entscheidung, im Irak einzumarschieren und Saddam Hussein zu stürzen, spielte Biden eine entscheidende Rolle. 2003 präsentierte US-Außenminister Colin Powell der Welt angebliche Beweise dafür, dass der Irak über Massenvernichtungswaffen verfüge, doch die wurden nie gefunden. Die US-Regierung hatte die Welt belogen.*** *[Der Republikaner]* ***George W. Bush hatte bei seinen Plänen einen mächtigen und einflussreichen Verbündeten, den demokratischen Senator Joe Biden, der einen Einmarsch im Irak schon Jahre zuvor gefordert hatte."***

Und vor Soldaten sagte Biden damals wörtlich: ***„Der einzige Weg, um Saddam Hussein loszuwerden, ist der: Wir müssen am Ende alleine losschlagen ... und Saddam ausschalten."*** Das war vor einigen Jahren. Und wer ist heute in der Kriegsrhetorik an die Stelle von Saddam Hussein getreten? Wer soll heute *„ausgeschaltet"* werden?

Unter Präsident **Barack Obama** wird **Joe Biden** dann Vizepräsident, ist also ganz vorne mit dabei, als Obama beschließt, im März 2011 Libyen zu bombardieren – auch dies eine völkerrechtswidrige Aktion, da die Vereinten Nationen nur die Einrichtung einer Flugverbotszone bewilligt hatten, kein Bombardement.

Als Grund für den Angriff wurde zwar behauptet, Libyen sei dabei, biologische Massenvernichtungswaffen zu entwickeln. Dies konnte jedoch nicht bestätigt werden. Doch es ist ein beliebtes Narrativ, das sich seit Jahrzehnten wiederholt und das dazu dient, andere Länder mit Krieg zu überziehen. Der damalige Regierungschef Gaddafi wurde im Verlauf der kriegerischen Aktion ermordet, und Libyen wird seither von Bürgerkriegen zerrissen und ist weitgehend unregierbar.

• Im selben Jahr 2011 mischten sich die USA, gemeinsam mit Saudi-Arabien, Frankreich und Großbritannien, auch in den Bürgerkrieg in Syrien ein. Gemeinsam unterstützten die westlichen Mächte dort islamistische Dschihadisten und bombardierten ganze Städte unter dem Vorwand der Terrorbekämpfung. Auch dies war ein völkerrechtswidriger Angriffskrieg, ohne den der Bürgerkrieg schon vor

Jahren zu Ende gegangen wäre. Bis heute leiden viele Syrer unter Hunger und Armut, weil die Angreifer unter Führung der USA – ähnlich wie im Irak der 90er Jahre – dem Land harte Sanktionen auferlegt haben und Hilfslieferungen nur in die nicht von der Regierung beherrschten Gebiete durchlassen.

In seinem 2019 erschienenen Buch *„Die große Heuchelei – Wie Politik und Medien unsere Werte verraten"* schrieb Jürgen Todenhöfer:
„Barack Obama bat an der Klagemauer von Jerusalem Gott, ihn zu einem Instrument (s)eines Willens zu machen ... Hat Obama sich wirklich als Instrument Gottes gesehen, wenn er im Weißen Haus persönlich die Opfer amerikanischer Drohnenschläge auswählte? Oder Bombenangriffe auf Afghanistan, den Irak und Libyen befahl?" *(NDS, 29.3.2019)*

Das war jetzt aber nur eine kleine Auswahl der US-amerikanischen Kriege seit 1945. Und wir haben gesehen, wie viele davon offenkundig völkerrechtswidrig waren. Dass unabhängig davon jeder Krieg grausam und verbrecherisch ist, haben wir ja bereits gesagt. Die zahlreichen gewaltsamen Putsche haben wir nicht näher beleuchtet, erwähnt seien

hier nur Chile, Argentinien und Brasilien, wo dadurch skrupellose und gewalttätige Militärregierungen an die Macht kamen. Und nach dem Putsch in der Ukraine 2014 war übrigens der damalige Vizepräsident Joe Biden der offizielle US-Beauftragte für dieses Land und sorgte wiederholt mit direkten Anrufen beim damaligen Staatspräsidenten Poroschenko dafür, dass möglichst alles im Sinne der USA und in seinem persönlichen Sinne verlief.
Wodurch unterschied er sich da noch von einem Kolonialverwalter?

Die renommierte Brown University in Providence in den USA ermittelte im Jahr 2020, **dass durch die Kriege der USA allein seit dem Terroranschlag auf das World Trade Center 2001 mindestes 37 Millionen Menschen in die Flucht getrieben wurden**.
Und wer verdiente an diesen Kriegen? In erster Linie die Rüstungsindustrie, vor allem die US-amerikanische.

„Der Krieg ist ein besseres Geschäft als der Friede", schrieb der später von den Nazis ermordete Pazifist Carl von Ossietzky vor rund 100 Jahren. *(ossietzky-net, 23.3.2022)*

Und der US-amerikanische Verfassungsrechtler John Whitehead schrieb im März 2022 über die *„Kriegskultur"* in seinem Land:
„Krieg ist zu einem riesigen Geldgeschäft geworden, und die US-Regierung ist mit ihrem riesigen Militärimperium einer der besten Käufer und Verkäufer." *(Allmachtwahn & Vernichtungsphantasien II, NDS 20.3.22)*

Präsident Joe Biden verfügt bis heute über beste Kontakte zur Rüstungsindustrie. Er war nicht zufällig von Beginn seiner politischen Karriere an – von 1973 bis 2009, also 36 Jahren lang – als Senator für den Bundesstaat Delaware tätig, in dem auch der mächtige und weitverzweigte Rüstungs- und Chemiekonzern DuPont beheimatet ist, der unter anderem auch an der Entwicklung der ersten Atombombe maßgeblich beteiligt war.
Zahlreiche von Bidens engsten Mitarbeitern waren selber jahrelang im Rüstungs-Industriezweig tätig. Das Fazit der bereits erwähnten Sendung im TV-Magazin Monitor lautet:
„Joe Biden: jahrzehntelang prägte er maßgeblich die US-Außenpolitik, befürwortete einen völkerrechtswidrigen Krieg im Irak, der auf Lügen basierte. Forcierte als US-Vizepräsident einen

weltweiten Drohnenkrieg und umgibt sich mit Beratern, die offenbar auch die Interessen der Rüstungsindustrie im Blick haben."
Wenn das alles stimmt – würden dann die Abwertungen, die er heute anderen zuspricht, und von denen Sie noch einige lesen werden, nicht auf ihn selber mindestens ebenso zutreffen?

Der deutsche Politikwissenschaftler Edward Knudsen sagte gegenüber Monitor:
„Joe Biden glaubt ganz gewiss an das, was er Amerikas Führungsrolle nennt. Das bedeutet Vorherrschaft der USA und militärische Intervention. Er glaubt, Amerika habe das Recht, überall und jederzeit zu intervenieren. ... Durch diese Politik wurde die Politik und die Kultur eines endlosen, weltweiten Krieges institutionalisiert."

Die deutsche Friedensbewegung hatte einst den Slogan: ***„Frieden schaffen ohne Waffen."*** In den USA gilt wohl eher das Prinzip: ***„Frieden schaffen durch noch mehr Waffen."*** Und gerade weil das noch nie funktioniert hat, wird es offenbar umso eifriger weiterverfolgt. Und auch die deutsche Bundesregierung hat sich offenbar diesem Motto verschrieben, wenn sie jetzt nicht nur Waffen direkt ins Kriegsgebiet exportiert, sondern auch die eigene Armee mit 100 Milliarden Euro aufrüstet. Was könnte man mit diesem Geld alles Sinnvolles anfangen?

Der Jurist Thomas Fischer schrieb zu diesem Thema in einem Gastbeitrag im Magazin „Der Spiegel" (1.4.2022) unter der Überschrift: ***„Deutscher Bellizismus – Unser Krieg. Nur die Wahrheit"*** Folgendes:
„Dass der Regierung nichts Besseres einfällt als ein 100 Milliarden-Rüstungsprogramm, hätte vor 25 Jahren zum Massen-Hungerstreik sämtlicher Landeskirchen, Gewerkschaften, Universitäten und Bio-Bauernhöfe geführt. Und zwar zu Recht."

So ändern sich die Zeiten. Der Politikwissenschaftler Sascha Pommrenke stellte bereits im Jahr 2015 fest, bei den Kriegen der USA gehe es ***„nicht im Geringsten um eine Verteidigung gegen Angriffe, sondern vielmehr darum, die Welt zu dominieren ... Dahinter steckt eine erschütternde Selbstwahrnehmung. Man hält sich selbst für ausersehen, die ... Geschicke des Planeten zu bestimmen. Man hält sich für das beste Land der Erde."*** *(Die Lüge von der Zivilisiertheit der „westlichen Welt", NDS, 1.10.2015)*

Und damit kommen wir noch einmal zurück auf die Frage: Welche Interessen können dahinterstecken, wenn im deutschen Fernsehen so einseitig berichtet wird, wie in dem Beispiel der ZDF-Sendung, die wir näher beleuchtet haben? Geht es um den Profit der Rüstungsindustrie? Das sicherlich auch. Aber es könnte auch um die sogenannte Geopolitik gehen. Ein Experte dafür ist der langjährige Berater von vier US-Präsidenten: Zbigniew Brzeziński, US-Amerikaner polnischer Abstammung. In seinem 1997 erschienen Buch *„The Grand Chessboard"* – das große Schachbrett, zu Deutsch: *„Die einzige Weltmacht – Amerikas Strategie der Vorherrschaft"* führte er sinngemäß aus, dass die Ukraine sich nicht auf die Seite Russlands stellen dürfe. Mit der Ukraine sei Russland eine Großmacht, ohne sie nur ein regionaler Akteur. Brzeziński forderte daher die von ihm beratenen US-Regierungen immer wieder auf, Russland von Europa zu isolieren und auch militärisch zu umstellen.

Zu dieser geopolitischen Strategie gehört auch die umfangreiche Ausweitung der NATO nach Osten. Warnende Stimmen wurden dabei immer überhört. So etwa diejenige des Weltpolitik-Experten Peter Scholl-Latour, dessen letztes Buch *„Der Fluch der* *bösen Tat"* wenige Wochen nach seinem Tod im August 2014 erschien. Den Umsturz in der Ukraine hatte er gerade noch miterlebt. Das Magazin „Der Spiegel" *(8.9.2014)* berichtete über das Buch und schrieb, der Autor habe darin die Befürchtung geäußert, der ***„bis dahin einigermaßen kontrollierte Widerstreit"*** in der Ukraine könne ***„aus dem Ruder laufen. ... die Schuld daran gibt Scholl-Latour auch den Politikern im Westen, die Russland mit der NATO-Erweiterung in die Enge gedrängt und in Kiew unrealistische Erwartungen geweckt hätten."*** Bereits im Jahr 2006 hatte Peter Scholl-Latour ein Buch mit dem Titel *„Russland im Zangengriff"* geschrieben.

Und schon im Jahr 1997 schrieb der Russlandexperte für zahlreiche US-Regierungen, George F. Kennan, in der New York Times, die Ausweitung der NATO nach Osten sei ***„der verhängnisvollste Fehler amerikanischer Politik in der gesamten Ära nach dem Kalten Krieg"***. *(Der Walzer in den Abrund, NDS 22.3.2022)*

Und der deutsche Philosoph Richard David Precht zitierte im September 2014 in einer Talkshow im ZDF den ehemaligen US-Verteidigungsminister Robert McNamara mit den sinngemäßen Worten:

„Eure Verschiebung der NATO-Staaten nach Osten wird dazu führen, dass in Russland ein neuer Nationalismus und Revanchismus aufkeimen wird. Russland wird sich davon bedroht fühlen. Und diese Maßnahme, die Länder des Ostens Stück für Stück in die NATO aufzunehmen, wird sich rächen und wird zu einer Eskalation führen."

Und Precht fügte hinzu: ***„Das alles hat man schon 1999 gesehen. Die NATO hat sich davon nicht beeindrucken lassen ... So schürt man auch diesen Konflikt."*** *(Maybritt Illner, Ukraine und die NATO, 4.9.2014)*

Diese Talkshow fand im Jahr 2014 statt. Und im Jahr 2022 gibt auch China ***„den USA die Schuld am Ukraine-Krieg"***, so eine Meldung im ZDF-Teletext (1.4.2022). Nun kann man zu den regierungsamtlichen Stellungnahmen Chinas stehen, wie man will. Doch ist der Vorschlag so abwegig, den ein hochrangiger Diplomat des Außenministeriums in Peking laut Tagesschau machte:
„Zugleich schlug er vor, US-Präsident Joe Biden solle den russischen Präsidenten Wladimir Putin anrufen und versprechen, dass es keine weitere NATO-Erweiterung und keine Stationierung stra-

tegischer Waffen in der Ukraine geben und das Land neutral bleiben werde. Dann werde sich ‚das Problem' vielleicht klären ... ‚Was ist das Ziel der Amerikaner? Wollen sie einen Waffenstillstand in der Ukraine erreichen oder wollen sie Russland schwächen? Oder sprechen einige Leute von einem Regierungswechsel?', sagte Wang in Anspielung auf Bidens Bemerkung, Putin dürfe nicht im Amt bleiben. ‚Wenn sie auf einen Waffenstillstand aus sind, könnte dieses Problem sehr leicht gelöst werden.'"

Unterdessen mehren sich warnende Stimmen auch aus Amerika selbst. Der mit dem Pulitzerpreis ausgezeichnete US-amerikanische Autor und Journalist Chris Hedges schreibt unter der Artikelüberschrift *„Waltzing to Armageddon"* – frei übersetzt: Der Walzer in den Abgrund – Folgendes:
„Die Entscheidung, am Ende des Kalten Krieges die Möglichkeit einer friedlichen Koexistenz mit Russland auszuschlagen, ist eines der ungeheuerlichsten Verbrechen des späten 20. Jahrhunderts. ...Der Frieden wurde für eine globale US-Hegemonie geopfert. Er wurde für die Milliarden-Profite der Rüstungsindustrie geopfert. ... Doch wir rufen ‚Frieden, Frieden' – und es gibt keinen Frieden. Staaten

rüsten fieberhaft auf, drohen mit dem Atomkrieg. Sie rüsten sich für das Schlimmste und bewirken damit, dass das Schlimmste passieren wird.*"* *(NDS, 22.3.2022)*

Auch der US-Präsident Joe Biden war nicht auf Deeskalation bedacht, als er bei seiner Reise nach Polen Ende März 2022 kein einziges Wort über mögliche Verhandlungslösungen im Ukraine-Krieg verlor, sondern nur die Stimmung weiter anheizte, von einer *„**großen Schlacht**"* sprach und ankündigte: *„**Wir zielen auf das Herz der russischen Wirtschaft**"* – was ja genau dem Ziel der US-amerikanischen Geopolitik entsprechen würde: Russland auszuschalten. *(Welt, 26.3.2022)*

Biden sprach auch von der *„**heiligen Verpflichtung**"* Amerikas, in den Kampf zu ziehen, wenn Polen angegriffen würde. *(Welt, 27.3.2022)* Offenbar sprach der Katholik Biden da im katholischen Polen ganz im Sinne der katholischen Lehre vom angeblich „gerechten Krieg", die einst der Kirchenheilige Augustinus von Hippo aufgestellt hat. Und offenbar ging es ihm mehr darum, Zustimmungsenergie von einem gleichfalls katholischen Publikum zu sammeln, als etwas für den Frieden zu tun.

Präsident Biden hatte schon in den Wochen zuvor den russischen Präsidenten heftig beschimpft als ***„reinen Verbrecher"***, als ***„Killer"***, als ***„Schlächter"***, als ***„mörderischen Diktator"*** und ***„Kriegsverbrecher"***.
Und bei seiner Rede in Polen hatte er auch gesagt: ***„Um Gottes Willen, dieser Mann kann nicht an der Macht bleiben."*** (siehe „Der Kampf der zwei Schwerter mit ihresgleichen") Das Weiße Haus versuchte zwar noch, diese offene Aufforderung zum Umsturz zu relativieren. Doch Biden nahm seine Worte keineswegs zurück, sondern legte am nächsten Tag nach. Er habe mit dieser Äußerung nur seine ***„moralische Empörung"*** zum Ausdruck gebracht, und er fügte hinzu: ***„Ich entschuldige mich nicht für meine persönlichen Gefühle."*** *(Tagesschau, 29.3.2022)* Das heißt, er will so weitermachen wie bisher. Doch was für Gefühle sind das dann? Ist das Einfühlung, auch in die gesamte Situation? Ist da noch ein Wägen und Messen dahinter, eine Frage nach der Verhältnismäßigkeit? Und die Frage wäre ja auch: Wie viele von Bidens Charakterisierungen müsste er eigentlich auch auf sein Haus beziehen? Wir haben ja einiges dazu aufgezählt. Jesus von Nazareth jedenfalls sagte: ***„Mit dem Maß, mit dem ihr messt, werdet auch ihr gemessen werden."***

Besonders wer von Moral spricht und von christlichen Werten, von Demokratie und Menschenrechten und dergleichen, der muss sich auch selber genau daran messen lassen. Und wer Kriege befürwortet und Kriege führt, wer Waffen produziert und Waffen exportiert, der sollte sich dann auch nicht „christlich" nennen. Denn er tritt die Lehre des Jesus von Nazareth mit Füßen.

Die Schweizer Internet-Zeitung *„Infosperber"* stellt zu Bidens Ausdrucksweise aus der untersten Schublade ganz nüchtern fest: ***„Falls die Einschätzung nicht aus der Schublade der Kriegspropaganda stammt, sondern Putin tatsächlich ein skrupelloser, faschistoider, psychopathischer Diktator und nicht mehr ganz bei Sinnen ist, dann wäre der Aufruf des US-Präsidenten, Putin zu entfernen, eine hochriskante und unverantwortliche Provokation. Denn Putin sitzt am Hebel von etwa 6000 Atomsprengköpfen."*** *(Bidens Attacke kann das Kriegs-Elend nur verlängern, 27.3.2022)*
Welchen Sinn soll es also haben, den russischen Bären immer weiter in die Enge zu treiben? Was wird er tun, wenn er glaubt, dass es vielleicht keinen anderen Ausweg mehr geben könnte, als auf die Atom-Knöpfe zu drücken?

Aber auch wenn Russland in einem Dauerkrieg zum Kollaps käme, wäre dies das *„schlimmstmögliche Szenario"*, schreibt der New York Times-Kolumnist Thomas L Friedman. ***„Ein schwaches, gedemütigtes und desorganisiertes Russland, in dem Machtkämpfe zwischen verschiedenen Fraktionen stattfinden, könnte den ganzen Planeten durchschütteln. Man denke nur an die etwa 6000 Atombomben, an die Cyberkriminellen und die Bohrlöcher für Erdgas und Erdöl."*** *(ebenda)*

Europäer lieben ihre Kinder. Russen lieben ihre Kinder. Auch Amerikaner lieben ihr Leben und ihre Kinder. Soll das alles in einem Atomkrieg zerstört werden, weil entscheidende Politiker an entscheidender Stelle sich nicht unter Kontrolle haben und niemand sie zurückhält?
Das wäre auch eine Anfrage an die europäischen Politiker. Weshalb stellen sie sich dieser fatalen Entwicklung nicht in den Weg? Man möchte ihnen zurufen: Lasst euch nicht von hemmungslosen Rhetorikern in eine Katastrophe treiben! Denkt an eure Völker! Ihr tragt für sie Verantwortung!
Und weshalb drängt ihr nicht auf Verhandlungen? Wer noch einen klaren Kopf hat, der überlässt das nicht dem Weißen Haus in Washington allein. Auch

nicht dem Papst in Rom, der von ukrainischer Seite schon als Vermittler vorgeschlagen wurde und dessen Kirche mit ihrer *„Seelsorge"* den *„Kampfgeist"* der ukrainischen Soldaten stärke, so im Jahr 2014 der von Papst Franziskus neu berufene katholische Bischof von Charkiw in der Ostukraine.

Außerdem: Wie kann eine Institution einen Frieden vermitteln, die selber eine überaus blutige Vergangenheit hat und deren Kirchenheiliger und Kirchenlehrer Augustinus von Hippo sich als Zyniker ohnegleichen erwies, als er scheinheilig fragte: ***„Was hat man denn gegen den Krieg? Etwa, dass Menschen dabei umkommen, die ohnehin sterben müssen?"***

Gibt es denn keine ernsthaften Politiker und keine professionellen Diplomaten mehr, die Manns oder Frau genug sind, das in die Hand zu nehmen? Die Schweizer Internet-Plattform *„Infosperber"* nennt einige Eckpunkte für mögliche Vereinbarungen:
„Einen sofortigen Waffenstillstand und eine Friedenslösung ... zu Bedingungen, bei denen Putin sein Gesicht wahren kann. Beispielsweise keinen NATO-Beitritt der Ukraine, keine schweren Waffen mehr in der Ukraine und Verhandlungen über gegenseitige Sicherheitsgarantien. ... Als die weit-

aus stärkere Seite kann der Westen einen wichtigen Schritt entgegenkommen ... Die Ukraine kann ein neutrales Land werden. Ein solches Angebot an Russland ... wäre längst fällig. Ob es den Krieg beenden würde, ist nicht sicher. Aber Putin sähe eine wichtige Forderung erfüllt und könnte sein Gesicht wahren."

Hier sehen wir den Unterschied. Wenn das stimmt, was die Zeitung hier vorschlägt, dann wären die Forderungen der russischen Seite jedenfalls erheblich geringer und leichter zu erfüllen als globale geopolitische Ambitionen, die wir von US-amerikanischen Politikern seit Jahrzehnten immer wieder hören.

Unabhängig von der Frage, auf welcher Seite dann die größere Bedrohung für den Weltfrieden liegt – angesichts des auf beiden Seiten vorhandenen ungeheuerlichen Atomwaffenpotentials –, müssten dann nicht beide Seiten im Interesse der Menschen alles daransetzen, den Konflikt möglichst schnell beizulegen und zu deeskalieren, statt ihn möglicherweise weiter anzuheizen bis hin zu einer atomaren Katastrophe?

Wer hat ein Interesse daran, immer mehr Länder in diesen noch lokalen Konflikt hineinzuziehen, und wer nimmt skrupellos für seine Interessen sogar in

Kauf, dass immer mehr Länder schlimmstenfalls der Gefahr eines Atomkriegs ausgesetzt werden? Oder will manch elitärer Versager am Ende lieber mitsamt seinem eigenen Volk in einem atomaren Feuerball zugrunde gehen, als endlich Frieden zu schließen?

Deshalb unser eindringlicher Aufruf – Ihr Politiker in den europäischen Ländern und auch in Amerika:

Wacht endlich auf und verhandelt und verhandelt und verhandelt! Es ist höchste Zeit! Dafür seid ihr gewählt! Und ihr habt geschworen, Schaden von euren Völkern abzuwenden! Und wollt ihr noch mehr Schaden anrichten als das Grauen, was schon jetzt in den Medien täglich zu sehen ist?

Jesus, der Christus, der Mitregent des Reiches Gottes, lehrte: ***„Selig die Friedensstifter, denn sie werden Kinder Gottes genannt werden!“***

Deshalb: Treten Sie für den Frieden ein!

Und wem der Friede etwas bedeutet, der könnte zum Beispiel diesen Appell auch an seine Abgeordneten weitergeben.